DE LA NAVIGATION DU RHIN,

MÉMOIRE imprimé par ordre du Comité consultatif du commerce de Strasbourg.

STRASBOURG,
DE L'IMPRIMERIE DE LEVRAULT.
Germinal X. (1802).

DE LA NAVIGATION
DU RHIN,

Sous les rapports du Commerce, des droits de transit ou des péages, du droit de relâche, et de la police des Douanes, à la rive gauche du fleuve.

Le traité de Lunéville, du 20 Pluviôse an 9, a ratifié ce que la valeur des troupes de la République avoit assuré à la France; le Rhin, cette ancienne limite des Gaules, détermine la ligne qui sépare notre territoire de l'Allemagne, depuis Bâle en Suisse jusqu'auprès de Nimègue en Hollande.

Les quatre nouveaux départemens qui ont été formés sur la rive gauche du fleuve, ont dû être constitués d'après les lois qui régissent l'ensemble de la République; et par conséquent il étoit convenable et naturel que les bureaux et postes des douanes fussent transportés uniformément sur cette rive, extrême frontière au nord-est de l'empire françois.

Déjà deux départemens, connus sous la

dénomination du haut et du bas Rhin, dont l'étendue comprend l'ancienne province d'Alsace, étoient familiarisés avec l'institution des douanes. Mais les habitans des nouveaux départemens ont de la peine à concilier cette institution avec leurs habitudes. Ils ont émis des doutes sur l'avantage et l'utilité de lois des douanes; ou, sans les condamner dans leur essence, ils ont pensé qu'elles devoient être modifiées, à certains égards, pour les relations réciproques et commerciales des deux rives.

Plusieurs mémoires sur cette question ont paru. L'un est intitulé : *Du Thalweg du Rhin, considéré comme limite entre la France et l'Allemagne; des péages et des douanes établis sur les deux rives, et du droit de relâche forcée, appartenant aux deux villes de Mayence et de Cologne.*

L'autre, par le citoyen P. F. Paravey, négociant à Coblence, traite *de la libre navigation du Rhin, ou de la réclamation des villes de la rive gauche contre le droit d'étape de Cologne et de Mayence.*

Un troisième a pour titre : *Mémoire sur les quatre départemens réunis de la rive gauche du Rhin, sur le commerce et les douanes de ce fleuve*, par le citoyen J. J. Eichhoff, maire de la ville de Bonn.

Nous ne prétendons discuter aucun de ces mémoires : peut-être est-il permis de remarquer, qu'en traitant la question, l'un ou l'autre de ces auteurs ne discute les faits et ne présente les objets que pour les adapter à son système particulier, et d'une manière propre à favoriser quelqu'intérêt local. Il seroit même possible de prouver que le prétexte spécieux de la prospérité des quatre départemens réunis, masque quelquefois des principes dangereux sous le double rapport de l'économie politique et du droit public. Ces trois ouvrages renferment, au surplus, d'excellentes choses, et fournissent des renseignemens précieux, qui nous seront très-utiles, et auxquels nous aurons recours.

C'est aussi la prospérité des quatre nouveaux départemens et des deux anciens, tous les six situés à la rive gauche du Rhin, qui fera l'objet de nos réflexions. Mais nous reconnoissons qu'il faut que cette prospérité soit alliée avec celle de la France entière;

que nous ne sommes qu'une foible partie de la grande famille ; que le gouvernement est en droit de compter sur la soumission et le dévouement de tous : nous sommes persuadés qu'il fera pour les six départemens adossés au Rhin, ou à proximité de ce fleuve, tout ce que la justice et sa sollicitude lui suggéreront.

Nous commencerons par examiner, en abordant la question qu'on veut éclaircir, quel est le système adopté ou suivi pour la navigation du Rhin depuis la réunion à la République des quatre départemens, relativement au droit de transit ou de péages, à celui d'étape ou de relâche forcée, et à l'institution des douanes nationales sur la rive gauche du fleuve.

Nous essayerons ensuite d'indiquer les moyens qui nous paroîtront les plus propres à régulariser la navigation du Rhin.

Notices sur la navigation du Rhin dans l'état actuel des choses.

Indépendamment des douanes nationales constituées à la rive gauche du fleuve, les anciens péages ont été maintenus sur cette rive, et il a été prescrit que le droit d'étape (*droit de Stapelrecht*) seroit provisoirement observé comme du passé.

§. 1. *Péages ou droit de transit.*

Les péages avoient été institués pour subvenir aux réparations des digues et des chemins de hallage, en un mot, à tous les travaux nécessaires pour rendre et conserver le fleuve navigable.

Le citoyen Paravey, l'un des auteurs cités plus haut, entre à cet égard dans des détails qu'il est bon de rapporter.

« Le lit de chaque rivière, dit-il, éprouve, « par le cours de ses eaux ou par la suite « des temps, des changemens qu'il est « nécessaire de prévoir ou d'empêcher, et « dont il faut diminuer les effets, qui sou- « vent seroient très-dangereux, et détrui- « roient même la navigation.

« Plus qu'aucun autre fleuve, le Rhin « est sujet à ces changemens : il travaille « sans cesse dans sa prison ; inconstant « dans ses efforts, il menace tour à tour « l'une et l'autre de ses rives. Tantôt, comme « l'hypocrite, il creuse sourdement des

« voûtes perfides, qui engloutissent en un
« instant de vastes terrains; tantôt, comme
« l'ambitieux, il se gonfle, élève ses flots
« au-dessus du niveau des terres, et, tom-
« bant avec la fureur d'un conquérant, il
« inonde les plaines voisines, pénètre dans
« les villes et villages qu'elles renferment,
« détruit l'espoir du laboureur, disperse la
« fortune du pilote, et ne rentre dans son
« lit que lorsqu'il ne lui reste plus de
« dégâts à faire.

« Il a fallu s'occuper des moyens d'en-
« chaîner le lion : il a fallu penser aux dif-
« férentes défenses que nécessitoient ses
« différentes attaques : il a fallu construire
« des épis, des perrés, des jetées, élever
« des digues, établir des chemins de hallage;
« et, comme le Rhin ne ralentit jamais
« ses efforts, qu'il ne fait avec ses rives
« ni paix ni trève, on est obligé d'exercer
« envers lui une surveillance continuelle,
« d'employer sans cesse contre ses tenta-
« tives les ressources de l'art et les bras de
« l'homme. On ne peut jamais se reposer
« sur les travaux précédens; il faut toujours
« songer à de nouveaux travaux.

« Mais ces travaux nécessitent de grandes « dépenses; pour les couvrir il faut que « l'état les paye de la masse générale des « revenus ou des impôts, ou qu'il établisse « sur la rivière des péages dont le produit « soit affecté aux travaux nécessaires. »

Le commerce qui se fait sur ce fleuve est immense, soit pour conduire à l'étranger les objets de notre industrie, dont l'écoulement et l'exportation sont autorisés, tels que les soieries, draps, vins, eau-de-vie, chanvres, cordages, pelleteries, tabacs, huiles de graines, papier, fer ouvré, armes et harnois de luxe, bonneterie, mercerie diverse, ouvrages de mode, d'orfévrerie, de bijouterie, librairies, drogueries, épiceries, etc., ce qui peut correspondre à une valeur de plus de deux millions par an; soit pour les importations de la Hollande, principalement en épiceries, drogueries, toiles de coton, nankin, marchandises des Indes, etc., et de l'Allemagne ou de la Suisse, en étoffes de laine (lorsqu'elles ne sont pas prohibées), en quincaillerie en fer, étain non ouvré, fer blanc, coton en laine, bois ouvré et de teinture, mercerie commune, cuivre jaune et rouge, indigo, instrumens aratoires, mousseline, toiles peintes, etc.; soit enfin pour le commerce de transit, c'est-à-dire pour celui de transport, de territoire à territoire, ou d'un port de la République à un autre port de la République. Ce transit mérite l'attention de tout observateur en économie politique, et particulièrement celle du gouvernement.

L'importance de commerce dans un espace de plus de 200 lieues (anciennes); l'avantage et la nécessité de la navigation sur un fleuve dont on devoit faire disparoître les écueils, réparer et tenir en bon état les rives, quais et bordages; ces considérations réunies, disons-nous, ont donné naissance aux péages établis depuis Diersheim, landgraviat de Hesse-Darmstadt, à 5 kilomètres de Strasbourg, jusques et y compris Lobitt, rive droite, en face du fort de Schencke, près le territoire batave.

Ces péages sont au nombre de 29, dont 13 à la rive gauche, sous la domination de la République, et 16 sur la rive droite, appartenant à divers membres de l'empire germanique.

Ils se présentent au batelier qui descend le Rhin de Strasbourg en Hollande, dans l'ordre suivant :

Rive gauche.	*Rive droite.*
. . . .	1. Diersheim, landgr. d'Hesse-Darmstadt.
. . . .	2. Higelsheim, marg. de Baden.
. . . .	3. Schrœck, *idem.*
1. Guermersheim, départ. du Mont-Tonnerre.	. . . .
. . . .	4. Philisbourg, év. de Spire.
. . . .	5. Mannheim, élect. Palatin.
. . . .	6. Gernsheim, él. de Mayence.
2. Oppenheim, *idem.*	. . . .
3. Mayence, *idem.*	. . . .
4. Bingen, *idem.*	. . . .
5. Bacharach, Rhin et Moselle.	. . . .
. . . .	7. Caub, élect. Palatin.
6. S. Goar, *idem.*	. . . .
. . . .	8. Oberlahnstein, électorat de Mayence.
7. Andernach, *idem.*	. . . .
. . . .	9. Leudesdorf, élect. de Trèv.
. . . .	10. Lintz, élect. de Cologne.
8. Bonn, *idem.*	. . . .
9. Cologne, dép. de la Roër.	. . . .
10. Zons, *idem.*	. . . .
. . . .	11. Düsseldorf, élect. Palatin.
. . . .	12. Kayserswœrth, *idem.*
11. Urdingen, 1.er bur. } Roër.	. . . .
12. Urdingen, 2.e bur. } Roër.	. . . .
. . . .	13. Rhuroot, au roi de Prusse.
13. Orsoy, Roër.	. . . .
. . . .	14. Rees, *idem.*
. . . .	15. Emmerich, *idem.*
. . . .	16. Lobitt, *idem.*

Il n'y a malheureusement aucune uniformité ni de réglement général pour la perception dans ces péages, institués les uns après les autres. Ici c'est sur le nombre, ou le poids, ou l'espèce ou la quantité, que la perception est basée, et souvent sur les quatre à la fois; là, l'opinion politique, connue ou présumée, du batelier, détermine à certains égards la fixation du droit. Chaque bureau a particulièrement son tarif et ses exceptions, et presque toujours les receveurs et les bateliers finissent par composer.

Dans les quatre derniers bureaux de la rive droite, *Rhuroot*, *Rees*, *Emmerich* et *Lobitt*, lesquels appartiennent au roi de Prusse, les droits se perçoivent à raison de la capacité du bateau, c'est-à-dire, au tonnage, sans nulle considération de l'espèce, de la qualité, ni de la quantité des denrées et marchandises qui forment le chargement.

La multiplicité des péages, trop rapprochés les uns des autres, souvent à la simple distance d'un myriamètre (2 lieues anciennes), et la forme de leur perception, remarque le cit. Eichhoff, nuisent au commerce et, par conséquent, diminuent la navigation. « Pour s'en convaincre, dit-il, « il suffira d'observer qu'à la fin du dix-« septième siècle, et pendant la guerre de « la succession, le commerce respectif de « Cologne et de la Hollande, employoit « cent vingt gros bâtimens. Ce nombre a « diminué insensiblement au point qu'on « n'en comptoit plus que soixante-dix au « commencement de la révolution. Ces « entraves engageoient souvent les négo-« cians à chercher de nouvelles routes, soit « par terre, soit par les différentes rivières « qui se jettent dans le Rhin. Ce fut ainsi « que les Hollandais ouvrirent la Berkel « jusqu'aux limites de l'évêché de Münster. « Le prince et les états de Münster firent « continuer les ouvrages jusqu'à Berckloo, « voie très-avantageuse au pays de Münster « et à une grande partie de la Westphalie; « elle a même donné lieu à l'établissement « d'un roulage jusqu'à Francfort, qui faci-« lite le commerce de toutes les parties « intermédiaires.... Les marchandises s'é-« toient aussi ouvert un chemin par terre « depuis Mayence jusqu'en Alsace, en Lor-

« raine, et même en Suisse. Les péages « auxquels elles étoient assujetties pour la « navigation du Rhin, étoient si nombreux « que, depuis Amsterdam jusqu'à Cologne, « elles avoient à en payer huit à dix; depuis « Cologne jusqu'à Mayence, onze à douze; « depuis Mayence jusqu'à Strasbourg, dix, « etc. »

Chaque bureau de péage est en possession du droit d'aller jusqu'à la rive opposée, pour forcer le batelier d'*amener* ou, ce qui est la même chose, l'empêcher de frauder les droits de péage.

L'art. 2 d'un arrêté des Consuls du 14 Thermidor an 8, établit en principe, que ces droits seront perçus pour le tiers seulement des sommes portées aux tarifs qui étoient en vigueur dans les treize bureaux de la rive gauche, à l'époque de la conquête.

Le produit, d'après l'art. 3, en est spécialement et limitativement affecté aux réparations des digues, chemins de hallage, et autres travaux de navigation sur la rive gauche. L'art. 4 attribue cette perception aux préposés des douanes dans les lieux où les bureaux étoient anciennement constitués.

Tel est l'établissement des péages ou du droit de transit sur le Rhin. L'on voit que cet ordre de choses laisse beaucoup à désirer. La disparité des tarifs et du mode de percevoir présente de grands inconvéniens ; aucun réglement ne garantit contre l'arbitraire et les abus. Il est urgent d'adopter des mesures nouvelles que puisse avouer l'homme d'état, et fondées sur les principes justes et libéraux que professe le gouvernement françois.

§. 2. *Du droit d'étape ou de relâche forcée, attribué aux villes de Cologne et de Mayence.*

Nous croyons superflu de nous reporter à l'époque reculée où l'anarchie et des dissensions perpétuelles agitoient et bouleversoient l'empire germanique. Alors le commerce et l'industrie se réfugièrent dans les cités placées sous la protection immédiate des empereurs ; alors aussi se forma la fameuse ligue anséatique de plusieurs villes commerçantes : Cologne fut du nombre.

Dès le 13.e siècle, cette ville étoit déjà l'entrepôt d'un commerce considérable. Elle chercha à mettre à profit cet avantage, en transformant en droit l'habitude qu'avoient les négocians de s'y arrêter et d'y étaler leurs marchandises ; elle résolut de forcer tous les bateliers d'aborder dans son port, de les contraindre à décharger leurs cargaisons, à étaler dans la ville leurs marchandises pendant trois jours, de ne pas souffrir qu'elles fussent transportées plus loin par d'autres bateliers que des bateliers de Cologne, et d'assujettir les négocians à avoir un expéditeur dans la ville. C'est à ces motifs, à ces circonstances et à ces temps malheureux, que se rattacherait l'institution des droits d'accises, de quais, de grue et d'expédition autrement dits, l'institution du droit d'étape ou de relâche forcée à Cologne.

Le citoyen Paravey, qui donne ce développement ou cette interprétation, ajoute que le revenu qui provient du droit d'étape ne se perçoit point au profit de la République, que ce n'est pas même la ville de Cologne qui en jouit, qu'il est plutôt le bénéfice de quelques expéditeurs et commissionnaires; que la municipalité ne jouit que du droit de grue, et que ceux qui y travaillent tirent encore une partie de ce droit.

C'est dans le quatorzième siècle que le même droit d'étape fut établi à Mayence; on contraignit également les bateaux qui y passaient à décharger, et à exposer les marchandises pendant trois marchés consécutifs, etc.

L'auteur de l'ouvrage sur le Thalweg prétend que depuis plusieurs siècles les négocians et commerçans des villes de Cologne et de Mayence, par suite de traités contractés entre les divers souverains des deux rives du Rhin, sont les facteurs et les expéditeurs obligés de toutes les cargaisons qui arrivent dans leurs ports, au moyen de ce que les bateliers, en vertu de ce droit, sont tenus d'y faire relâche.

Le citoyen Paravey conteste que cet accord et cet assentiment aient été sanctionnés par des traités. Quoi qu'il en soit, les circonstances ont bien changé. Avant la réunion à la République des quatre nouveaux départemens, le Rhin, *qui les borne actuellement* et les sépare de l'Allemagne, coulait, dans ces contrées, sous la puissance *absolue* de différens princes. Aucune base, aucun principe uniforme, n'étaient adoptés pour la navigation du fleuve, relativement aux droits et à la démarcation des états.

L'indépendance du Rhin est aujourd'hui garantie, tant par le rapprochement des notes échangées au congrès de Rastadt, que par l'article 6 du traité de Lunéville.

En vain le *même auteur de l'ouvrage sur le Thalweg* invoque-t-il ce traité; envain, admettant avec raison que le lit entier du Rhin est, et doit être, sans le secours d'aucune stipulation écrite, commun entre les deux puissances contractantes et les autres gouvernemens auxquels l'usage en est accordé, part-il de ce raisonnement pour vouloir prouver que, du moment que chaque bureau de péage est en possession du droit de franchir le Thalweg et d'aller jusqu'à la rive opposée, pour forcer le bateau d'amener et l'empêcher ainsi de frauder les droits de péages; par une conséquence naturelle chaque gouvernement a le droit d'exercer à l'autre rive une contre-police, pour ce qui concerne les droits de douanes et surtout les prohibitions.

Nous n'hésitons pas de condamner une pareille opinion, et nous sommes persuadés qu'elle est aussi éloignée de la pensée du gouvernement français, qu'elle est contraire à l'institution des douanes et aux lois sur la prohibition.

Le citoyen Paravey a bien senti cette vérité, lorsqu'il a dit : « Les péages du Rhin « tiennent à la navigation du fleuve ; ils « sont établis ou maintenus du consen- « tement mutuel des diverses puissances « riveraines : elles doivent donc prendre « ensemble des mesures efficaces pour s'as- « surer la jouissance de ce droit commun à « tous. Il faut donc nécessairement qu'elles « aient toutes le droit réciproque d'amener « le bateau qui chercherait à éviter le paye- « ment du péage, parce que ce droit est « une suite de l'établissement des péages, « et que l'intérêt de tous est que personne « ne puisse s'y soustraire.

« Mais c'est bien autre chose à l'égard « des douanes de commerce que ces mê- « mes puissances peuvent établir sur leurs « rives. Les péages existent pour l'avantage « général ; mais les douanes ne tendent qu'à

« favoriser le commerce de la puissance qui « les établit, et à affoiblir, autant que pos- « sible, le commerce étranger; elles n'ont « et ne peuvent avoir d'autre but. Or, qui « oseroit soutenir que, pour remplir le but « de nos douanes, nous ayons le pouvoir « de les autoriser à faire des visites sur le « territoire étranger; ou à forcer d'amener « un bateau passant sur une rivière qui « appartient autant, ou qui n'appartient pas « plus, à nos voisins ? .... Une telle pré- « tention nous paroît injuste. »

S'il est au surplus vrai, ce qu'on ne peut mettre en doute, que le droit d'étape, ou une institution semblable, ne doive point être conservé à Cologne et à Mayence, par le seul motif d'assurer à ces villes la conservation des droits d'accises, de quais, de grue et d'expéditions, plutôt profitables à quelques commissionnaires qu'aux villes mêmes, il faut considérer la chose sous un tout autre rapport, sous celui de la navigation du Rhin; et on apercevra que, si un réglement ne déterminoit pas les stations respectives des bateaux, une liberté trop illimitée occasionneroit de grands malheurs et deviendroit désastreuse au commerce. Des bateliers de Cologne peuvent bien descendre le Rhin jusqu'à Amsterdam, et le remonter jusqu'à Mayence ou Francfort; ceux de Mayence, le descendre jusqu'à Cologne, et le remonter jusqu'à Strasbourg; ceux de cette dernière ville, aller jusqu'à Mayence et Francfort, et en revenir. Chaque pilote alors a la connoissance locale et respective des écueils et des bancs de sables à éviter; des caprices du cours du fleuve, et des dangers auxquels on s'expose; de la profondeur du lit, de la charge que ce lit comporte, et des moyens à employer pour faciliter la navigation : avantages dont on ne pourroit se flatter si un batelier avoit la faculté de descendre indifféremment avec sa cargaison de Strasbourg jusqu'à Amsterdam, ou de remonter ainsi le Rhin. Ce qui peut venir à l'appui de ce raisonnement, c'est qu'on sait qu'il y a des bateaux de différentes grandeurs sur le Rhin, de la contenance de 5000, 3000, 2000, 1500, 1000, 800 quintaux, etc., suivant le plus ou moins de profondeur, et d'après les diverses stations. Ne seroit-il pas plus raisonnable d'expliquer à peu près dans ce sens le droit de relâche forcée, attribué à Cologne ou à Mayence? Quoi qu'il en soit, depuis la réunion à la République, on ne pourroit plus y étaler *pendant 3 jours de marché*, conformément à l'établissement du droit d'étape, les marchandises étrangères qui auroient abordé en payant simplement ce droit. Ainsi, par cela même, ce droit n'est plus consacré dans son essence; et il ne peut être question que du versement de bord à bord, et de la sortie des entrepôts.

Déjà, il est vrai, on a fait un pas vers la régularité et la perfection en constituant des entrepôts des marchandises étrangères non prohibées à l'entrée, à Cologne, Coblence et Mayence, sous la surveillance respective des préposés des douanes et du commerce. L'arrêté qui crée lesdits entrepôts est du 9 Prairial an 6. La durée de ce dépôt a été prorogée à 6 mois, pendant lesquels le négociant consignataire a la faculté de réexpédier par le Rhin les marchandises à l'étranger, en exemption de droit, ou de les faire entrer dans la République, en payant les droits déterminés par le tarif général. Certes, pour constituer ce dépôt, il faut bien se servir de grues, et de tous les accessoires; et il est évident que lors de la réexportation on n'embarquera pas les marchandises sur le même bateau qui aura abordé de cette manière, avec la cargaison, soit à Cologne, soit à Mayence.

Nous disons donc que le droit d'étape, quel qu'il soit à présent, doit être régularisé à Cologne et à Mayence; qu'il en doit être agi de même à l'égard de Strasbourg; mais dans ce sens que les marchandises étrangères non prohibées pourront y être entreposées pendant six mois, comme il sera plus amplement expliqué ci-après. Nous nous réservons également de démontrer qu'il est non moins politique que convenable d'instituer une police de navigation, telle que les bateaux d'un port de la rive gauche ne puissent pas indifféremment descendre ou remonter le Rhin dans tout son cours; que, par conséquent, il doit y avoir des stations fixes, quand même il n'y auroit pas emprunt des entrepôts; en sorte que ces stations ne soient dépassées sous aucun prétexte. C'est ainsi que le droit de relâche forcée ou de versement de bord à bord doit être rectifié, en ménageant le plus possible les intérêts des villes respectives.

§. 3. *Du Thalweg du Rhin.*

L'auteur, qui a particulièrement traité cette question, dit qu'on entend généralement par Thalweg *l'endroit le plus profond du cours navigable du fleuve.*

C'est le Thalweg du Rhin qui doit former les limites entre la France et l'empire germanique, d'après l'art. 6 du traité de Lunéville, du 20 Pluviôse an 9, conçu en ces termes :

« S. M. l'empereur et roi, tant en son
« nom qu'en celui de l'empire germanique,
« consent à ce que la république française
« possède désormais en toute souveraineté
« et propriété les pays et domaines situés
« à la rive gauche du Rhin, et qui faisaient
« partie de l'empire germanique ; de ma-
« nière qu'en conformité de ce qui avoit
« été expressément consenti au congrès de
« Rastadt par la députation de l'empire

« et approuvé par l'empereur, le *Thalweg* « *du Rhin* soit désormais la limite entre la « république française et l'empire germa- « nique ; savoir, depuis l'endroit où le Rhin « quitte le territoire helvétique, jusqu'à « celui où il entre dans le territoire batave.

« En conséquence de quoi la république « française renonce formellement à toute « possession quelconque sur la rive droite « du Rhin ; et consent à restituer à qui il « appartient les places de Düsseldorff, « Ehrenbreitstein, Philisbourg, etc. etc.

« Ainsi, continue le même auteur sur « le Thalweg, quoique le lit du fleuve se « trouve appartenir aujourd'hui à deux « souverainetés différentes ; savoir, à l'Al- « lemagne, depuis la rive droite jusqu'à « l'axe du Thalweg, et à la France, depuis « l'axe du Thalweg jusqu'à la rive gauche ; « chacune des deux puissances contrac- « tantes, et toutes celles auxquelles l'usage « en serait accordé, de leur consentement, « doivent pouvoir en user d'une rive à « l'autre, sans nulle considération de l'axe « du Thalweg, et de la même manière qu'il « en serait d'une route ou d'un chemin

« public pris pour limite entre deux proprié-
« taires ou deux gouvernemens différens.

« S'il en était autrement, et que chaque « nation fût limitée à l'usage de la seule « moitié du fleuve qui lui appartient, sans « pouvoir emprunter l'autre, il n'y auroit « pas un seul navigateur qui ne se trouvât « en contravention, par la nécessité, ou de « livrer passage au navigateur qui vient en « sens contraire, ou d'emprunter le chemin « de hallage placé à l'autre rive; ou de se « préserver des coups de vent, des récifs, « et de la rapidité du courant, qui le mena- « ceroient du naufrage.

« On doit conclure que le Thalweg du « Rhin, ou l'axe du Thalweg, est une « limite purement territoriale, ayant pour « objet de régler la propriété et la souverai- « neté des îles et îlots du Rhin qui se trou- « vent de chaque côté du Thalweg, pour « attribuer à l'Allemagne les îles et îlots de la « droite, et à la France ceux de la gauche. «

De là la conséquence que la navigation du Rhin est libre, sauf les réglemens qui, sans porter atteinte à ce principe, déterminent la police de la perception du droit de péage, si on le conserve pour l'entretien et les réparations des digues et des chemins de hallage sur les deux rives, réparations qui tiennent à cette navigation; sauf également les réglemens que chaque gouvernement peut instituer à sa rive, pour la police des bateaux employés à la navigation, et pour ce qui est relatif aux lois des douanes en général.

§. 4. *Des Douanes nationales établies sur la rive gauche du Rhin.*

Il est une vérité constante qui ne peut être trop répétée, c'est que les habitans des nouveaux départemens doivent renoncer à l'idée et à l'opinion que les relations commerciales qui existoient entre la rive gauche et la rive droite du Rhin, résultoient, dans une acception générale, moins des rapports des gouvernemens que de ceux des besoins respectifs, qui devoient être prévus ou satisfaits par le libre échange des objets d'industrie, ou des denrées et productions des sols.

Le commerce de ces départemens doit avoir actuellement une toute autre vie, une toute autre direction; les communications avec le reste de la République doivent être libres et sans entraves : mais elles sont essentiellement subordonnées aux lois générales, relativement à l'étranger, c'est-à-dire, à la rive droite.

Si c'est un sacrifice, il est dû à la mère-patrie. Mais ne sont-ce pas plutôt de nouvelles sources de prospérité qui sont ouvertes aux quatre départemens réunis ? Comme pays étrangers, leurs relations avec la France étoient soumises au calcul économique et sévère que l'intérêt des manufactures françaises et celui du trésor public commandoient. Aujourd'hui toute barrière est levée ; le commerce de ces départemens peut se répandre et refluer dans l'intérieur. Quant à l'institution des douanes à la rive gauche du Rhin, les nouveaux français doivent les envisager comme étant établies pour assurer et maintenir la balance du commerce à notre avantage, et dès-lors concourir par tous les moyens qui sont en eux à atteindre ce but.

On a avancé une grande erreur en mettant en question s'il ne seroit pas plus avantageux de rapporter la loi qui prohibe l'exportation des grains, en faveur des quatre nouveaux départemens, qui continueroient ainsi à approvisionner de leur superflu l'Angleterre et les autres états qui étoient leurs tributaires. Laissons-les porter leur or et leur argent à Dantzig, à Memmel, à Kœnigsberg; verser en Pologne, en Prusse et en Russie, des fonds considérables. Si ce tribut nous manque pour le moment, nous conservons une denrée bien plus précieuse, une denrée dont toutes les raisons en bonne politique, et les motifs les plus puissans, nous commandent de maintenir provisoirement la prohibition. Le gouvernement examinera si effectivement il y a un superflu dont l'écoulement à l'étranger nous seroit profitable.

Confions-nous également à lui pour arrêter avec les puissances des traités de commerce, avantageux moins à certains départemens qu'à la France entière. Confions-nous à sa sollicitude : elle ne le trompera jamais sur nos véritables intérêts. Sans doute qu'alors plusieurs lois prohibitives seront rapportées ou modifiées; mais le temps n'en est pas encore venu.

Les traités de commerce seront donc la base de nos relations avec l'étranger; le tarif sera revisé, et le gouvernement appréciera les observations qui tendront à modifier le code des douanes de manière à en nationaliser l'institution : c'est un vœu qu'on ne peut trop manifester, et qui sera exaucé. Raisonner de ce qui existe aujourd'hui, pour approfondir, discuter et combattre ce qui peut paroître irrégulier ou vicieux dans les réglemens des douanes, quant aux prohibitions ou autrement, c'est comme si l'on s'entretenoit des moyens employés à la guerre pour réduire l'ennemi et le forcer à la paix. Loin de nous l'idée que les douanes ne cesseront pas d'être envisagées comme une gêne dont le commerce auroit à se plaindre. Croyons plutôt que les lois et les réglemens y relatifs seront tellement bien combinés par les traités de commerce, que chacun reconnoîtra que l'organisation des douanes a pour but principal la protection de nos manufactures nationales, en même temps qu'elles nous garantiront contre tout ce qui pourroit paralyser ou étouffer notre industrie.

Si, en résultat, ce qui n'est qu'une supposition très-hasardée et invraisemblable, les habitans des quatre nouveaux départemens devoient faire quelques sacrifices dans le nouvel ordre des choses, pour leurs relations avec l'étranger, Strasbourg pourroit être cité, et se prévaloir de sa soumission.

Avant la révolution, et avant le reculement des barrières à l'extrême frontière, en 1790, cette ville jouissoit d'un privilége unique. Elle étoit port-franc, et communiquoit librement avec l'étranger pour ses relations commerciales; tout ce qui y arrivoit par le Rhin ou en sortoit par la navigation de ce fleuve, étoit exempt de droits. Son magistrat exerçoit une police exclusive sur les bateaux et sur les bateliers. En un mot, la ville de Strasbourg avoit à elle seule, et pour son profit, un régime particulier de douane, sur lequel le gouvernement n'avoit ni influence ni inspection.

Les principes d'uniformité condamnoient cette exception: Strasbourg se soumit, et se trouva dans le cordon des douanes, en 1790, comme toutes les villes de l'extrême frontière. Ne peut-elle pas, en sa qualité de fille aînée, indiquer cet exemple de dévouement et de confiance à ses sœurs cadettes des nouveaux départemens ?

Cependant on avoit reconnu qu'il falloit conserver, moins pour les intérêts de la ville de Strasbourg que pour ceux du commerce en général, un local où l'on pût librement déposer, pendant un certain temps, les marchandises qui y arriveroient de la Suisse, de l'Italie et du Midi, pour être expédiées dans le nord de l'Allemagne; et réciproquement les marchandises expédiées de la Hollande et de l'Allemagne en Suisse et en Italie. Le transit et l'entrepôt de Strasbourg furent donc institués en ce sens; une loi du 7 Septembre 1792 en détermina l'existence et le réglement.

Cette institution étoit nécessaire, et tenoit à la prospérité de l'état et de nos relations commerciales.

Mais un décret du 24 Juillet 1793 suspendit l'activité du transit et de l'entrepôt, sous le prétexte qu'ils pouvoient favoriser les desseins de nos ennemis par la communication des étrangers avec la France.

Un prétexte aussi illusoire, pour ne pas dire ridicule, fut détruit par sa cause même. La paix a été cimentée avec l'empire d'Allemagne : mais on n'a pas rétabli l'entrepôt de Strasbourg ! Cette faute grave a donné au commerce de la rive droite, il ne faut pas le dissimuler, la pensée et les moyens de tirer avantage des mesures impolitiques et inconvenantes que nous adoptions. Le Margrave de Bade, entr'autres, n'a épargné aucun sacrifice pour rendre dans ses états la route de la rive droite praticable ; il y a fait construire à ses frais des hôtelleries pour les rouliers et voyageurs.

A la réunion des quatre nouveaux départemens, ou plutôt lors de leur conquête, on a constitué des entrepôts à Cologne, Coblence et Mayence, afin d'attirer le commerce d'économie sur la rive gauche : par une contradiction inconcevable, ou par de faux calculs, sans doute, on n'a pas rouvert celui de Strasbourg. C'en étoit cependant bien l'occasion, puisqu'on reconnoissoit à l'égard des nouvelles villes la futilité des considérations mises en avant en 1793 pour fermer cet entrepôt de Strasbourg. Qu'est-il arrivé ? On a échoué dans le projet qu'on avoit conçu, parce qu'il étoit mal ordonné ; et on n'a pas fait attention que Strasbourg, par sa position, et pour conserver le commerce sur la rive gauche, étoit nécessaire à Mayence, Coblence et Cologne. C'étoit en effet de ce point intermédiaire et de l'entrepôt qui y auroit été réactivé, que les villes nouvellement réunies auroient tiré leurs principales forces pour leurs relations avec la Suisse, l'Italie et le Midi. Des entrepôts ainsi établis dans ces distances respectives, auroient présenté le double avantage, de continuer depuis la Hollande jusqu'en Suisse les communications du commerce étranger et de commission, et de laisser aux expéditeurs et aux consignataires l'option de faire entrer les marchandises en consommation dans la République, ou de leur faire suivre leur destination ultérieure étrangère. Les négocians de Strasbourg ont en vain réclamé et sollicité ; les négocians des autres villes de la rive gauche ne les ont écoutés qu'avec méfiance. On a aujourd'hui la conviction que les intérêts des six départemens adossés au Rhin ou à sa proximité, sont liés si étroitement ensemble qu'ils ne prospéreront pas sans unité d'action. Cette conviction est peut-être trop tardive; du moins est-il constant qu'il n'y a pas un instant à perdre pour rendre au commerce sa vraie direction. Que l'entrepôt de Strasbourg soit réorganisé, qu'il corresponde avec ceux de Mayence et de Cologne, et bientôt ces trois villes deviendront concurremment les comptoirs de la Hollande, du Nord, de l'Allemagne, de la Suisse et du Midi; alors seulement il sera possible de rendre à la rive gauche la préférence qu'elle avoit obtenue sur la rive droite pour le commerce d'économie et les communications d'un pays étranger à un autre. Des réglemens secondaires pour faciliter la navigation ou les transports, achèveront de perfectionner l'ouvrage.

Moyens qui paroissent les plus propres à régulariser la navigation du Rhin.

---

§. 1.er *Péages ou droits de transit sur le Rhin.*

Il a été observé que pour réparer les digues et les chemins de hallage sur le

Rhin, y construire des épis et des jetées, afin de le rendre navigable et de prévenir les dégâts des inondations, il falloit subvenir à ces dépenses, ou par la masse générale des revenus et des impôts, ou par des droits de péages uniquement affectés à cet usage.

Le premier mode vaudroit peut-être mieux. Les réparations sont immenses chaque année ; déjà on a reconnu, et c'est une vérité démontrée, que les péages établis sont trop multipliés, ce qui entrave singulièrement la navigation et lui est très-préjudiciable, au point qu'on n'a pas hésité de recourir à la voie de transport par terre, et par prédilection sur la rive droite, détermination qui laisse présumer les désagrémens qu'on a éprouvés et qu'on éprouve encore dans l'état actuel des choses.

Si donc il faut nécessairement réduire les péages, s'il n'est pas possible d'en augmenter les droits sans anéantir la navigation, s'il faut un mode plus uniforme et beaucoup moins onéreux, le droit ne sera plus si lucratif; et, comme il ne suffit pas à beaucoup près aujourd'hui aux frais d'entretien et de réparations, il ne restera pour ainsi dire de son institution que la gêne qu'il occasionne, et qu'il est très-politique de faire disparoître.

D'un autre côté l'établissement des péages pour la navigation du Rhin n'a pas lieu depuis Bâle jusqu'à Strasbourg, ni depuis cette dernière ville jusqu'à Guermersheim, sur la rive gauche, c'est-à-dire, dans un espace de près de quatre-vingts lieues de cours. Il faudroit donc y organiser cet établissement; mais la navigation de Bâle à Strasbourg est peu fréquente, et elle est presque nulle pour remonter le fleuve à la destination de la première de ces deux villes, la rapidité des eaux suscitant obstacles sur obstacles, dangers sur dangers [1].

---

1. Les bureaux des péages de Diersheim (landgr. de Hesse-Darmstadt), Higelsheim et Schrœck (margr. de Baden), sont établis en-deçà de Guermersheim, sur la rive droite, vers Strasbourg. Cette institution est à la fois fautive et irrégulière. En effet, les mêmes difficultés pour la navigation existent presqu'uniformément depuis Neubourg, près Lauterbourg, jusqu'à Bâle, et vice versa; ce qui entraîne dans des frais extraordinaires pour le salaire et l'entretien des gens de l'équipage. Il faut un genre de bateaux tout particuliers, qui ne naviguent qu'à force de bras : combien alors est gênante la navigation, en allant relâcher à la proximité des bureaux de péages, tout exprès pour payer les droits ?

Ces considérations réunies avoient sans doute été appréciées lorsqu'il fut consacré en principe, au congrès de Rastadt, que les péages seroient supprimés, et que les chemins de hallage seroient entretenus sur chaque rive par ses habitans [1].

De quel secours seroit le droit de péage, dans les circonstances fâcheuses où l'on se trouve actuellement dans le département du bas Rhin, pour réparer les dégâts et les ravages des dernières inondations ?

Les travaux les plus urgens, et qui sont indispensables, absorberont plus de cinq cent mille francs dans ce seul département; et si la même proportion existe pour le

---

1. Le Rhin étant très-inconstant dans son cours, la possibilité d'aborder est subordonnée à cette variation. Ainsi il aura été facile, il y a six mois, d'aborder à tel péage; aujourd'hui on ne pourra plus relâcher qu'à un quart de lieue, même plus, en-deçà de ce péage, et là attendre le buraliste qui aura été prévenu. Si celui-ci tarde, et qu'on soit obligé, en arrivant vers le soir, de discontinuer le trajet jusqu'au lendemain matin, le vent aura peut-être changé, et devenant contraire, il faudra rester à l'ancre un jour ou deux, jusqu'à ce qu'un nouveau vent soit plus favorable : et tout cela pour avoir été contraint de payer le droit de péage ou de navigation !

département du haut Rhin, voilà au moins un million que la caisse des péages auroit dû fournir, ce qui eût été absolument impossible.

Si on ne peut se dispenser de recourir à d'autres moyens et à d'autres ressources, pourquoi ne pas laisser la navigation libre, et ne pas se borner à ces moyens, plus directs et plus satisfaisans?

D'ailleurs, les réparations des digues et des jetées du Rhin sont plus profitables aux habitans des communes riveraines qu'à ceux qui naviguent. C'est leurs propriétés, leurs champs et leurs maisons, qu'il importe essentiellement de garantir contre les caprices et l'impétuosité du fleuve. Soutiendra-t-on néanmoins que ce sera le commerce qui en supportera les frais? Un appel au patriotisme et au dévouement des citoyens à deux ou à trois lieues de la rive, sera peut-être plus efficace que toute autre combinaison; qu'on leur indique un temps où l'activité des travaux champêtres est ralentie et où le cultivateur peut en être momentanément distrait, sans le moindre préjudice, et l'on verra probablement chaque commune et chaque citoyen s'empresser de faire la tâche qu'ils se seront imposée eux-mêmes, sous la surveillance et la direction des ingénieurs que les préfets auront constitués à cette fin. Si ces travaux se répètent régulièrement chaque année, les rives du Rhin ne tarderont pas à être très-bien entretenues, d'autant plus que l'habitant de la campagne acquerra ainsi la conviction que son intérêt personnel, plutôt que celui général, aura été envisagé et ménagé par l'ensemble de ces mesures [1].

En un mot, toute détermination qui simplifiera les entraves de la navigation du Rhin, sera la meilleure et la plus avantageuse à l'État. Nous ne pouvons trop répéter que ces entraves, non moins onéreuses que gênantes, font adopter de préférence la voie du roulage par terre, ce qui est bien extraordinaire et ce qui toutefois est constant; que ce roulage se fait aujour-

1. Il n'y a pas trente ans que les habitans de la ci-devant Alsace, surtout ceux de la basse, étoient obligés de concourir aux travaux que nécessitoient les réparations des digues rompues, ou des fascines enlevées et détruites par les dégâts des inondations.

d'hui presqu'exclusivement à la rive droite; que des maisons de commerce pour les expéditions et les commissions s'y sont élevées à notre détriment, soit pour le transport qu'on auroit effectué sur la rive gauche, soit pour la navigation qui a été abandonnée.

Ceux qui voient ce changement avec indifférence, ne sont pas dévoués à la prospérité de la République, ou ignorent que cette nouvelle direction du commerce d'économie et d'échange sur la rive droite, prive les six départemens riverains, depuis la Hollande jusqu'à Bâle, de plus de quinze cent mille francs par an ; dont les étrangers eussent été nos tributaires, pour les commissions, le roulage, etc. ; et que ce sacrifice est d'autant plus pénible qu'il ôte les moyens d'existence à une multiplicité de familles, bateliers, calfats, cordiers, chargeurs, charrons, maréchaux, aubergistes et autres, qui n'avoient que cette ressource pour subsister. Et dans quel temps se résigne-t-on à un tel sacrifice? Depuis que la République est maîtresse et souveraine absolue de la rive gauche du Rhin ! ! ! Ces réflexions bien frappantes n'ont pas besoin de développement; elles deviendront bientôt, croyons-le, l'objet de la pensée et des méditations du Gouvernement.

C'est parce que nous en étions tout pénétrés que nous sommes entrés dans quelques détails sur la convenance et la possibilité de supprimer les péages du Rhin. Cependant, comme nous ne recherchons que la vérité et que nous ne sommes guidés que par l'amour de la patrie, nous nous garderons bien de persister opiniâtrément dans cette opinion, si elle est erronée.

Nous convenons aussi que le travail des cultivateurs ne suffira pas pour les réparations nécessaires à la navigation du Rhin; il faudra en outre, et toujours, des ouvrages de l'art qui devront être payés. Si les fonds n'en sont pas pris des contributions directes, qui ne peuvent probablement point être distraites de leur destination actuelle; si ce genre de contribution même est dans le cas d'éprouver une réduction, d'après le vœu général qui est émis dans toute la France, des péages ou des droits de navigation seront indispensables, et leur concours mettra à même de procéder aux réparations de toutes sortes.

Mais il faut alors que les bureaux des péages soient réduits, par convention, sur l'une et l'autre rive, au nombre que commanderont les besoins de la navigation pour les ouvrages de l'art, unis aux travaux périodiques des cultivateurs allemands et français; qu'en considération de la difficulté de l'abordage, les bureaux de Diersheim, Higelsheim et Schrœck restent définitivement supprimés, ainsi que cela avoit d'abord été convenu. On doit d'ailleurs désirer que ces péages soient établis à des distances moins inégales : qu'il y ait uniformité de perception : que cette perception uniforme soit exclusivement relative au tonnage ou à la contenance des bateaux, sans égard aux espèces des marchandises embarquées, ni au poids d'un chargement : qu'il n'y ait par conséquent aucune visite, ni déballage, ni pesage, etc. : que le gouvernement françois et les princes de la rive droite déterminent que le droit sera proportionnel à raison du plus ou moins de grandeur desdits bateaux, et toujours modéré : qu'il n'y aura pas de station plus rapprochée que de six lieues anciennes, et alternativement tantôt un bureau françois, tantôt un bureau allemand : que les bateaux qui partiront d'un point intermédiaire entre deux stations, seront réputés en avoir parcouru une : que les bateliers munis de l'autorisation de naviguer (laquelle fera mention de la contenance des bateaux, comme il sera expliqué ci-après), ne devront point frauder ce droit de tonnage, à peine de le payer quadruple pour amende, et, en cas de récidive, d'être privés de la faculté de naviguer : qu'il y aura réciproquement sur chaque rive un contrôle de perception, de la part des inspecteurs à ce délégués (ce contrôle seroit facile, le trajet à parcourir par un bateau pouvant être connu et constaté par chaque bureau, des deux rives) : qu'il sera délivré soigneusement, par chaque bureau, des bulletins du payement du droit de navigation : que ces bulletins devront être représentés en même temps que l'autorisation de naviguer : qu'enfin les états ou gouvernemens conviendront entre eux de l'emploi des fonds, suivant les besoins démontrés, ou se réserveront de pourvoir aux réparations, chacun pour son territoire et sa portion de rive.

Pour éviter les frais superflus d'une administration spéciale, il est à souhaiter que les receveurs des douanes continuent à percevoir le droit de navigation et à en compter d'après le mode de responsabilité existant ou qui sera arrêté.

Ces précautions réunies peuvent applanir les difficultés dont on se plaint aujourd'hui, et faire cesser les actes arbitraires qui n'ont été que trop répétés au préjudice de la navigation. Il sera également à propos d'établir une police pour le nombre des bateaux qui pourront naviguer, pour les titres, lettres de crédit ou autres autorisations dont un batelier devra être porteur; et alors seulement on aura adopté les moyens que la sûreté, la prudence, l'intérêt général et particulier, pouvoient indiquer. L'article suivant est consacré à établir cette possibilité d'une police pour la navigation du Rhin.

§. 2. *De la navigation du Rhin.*

L'intérêt général et celui particulier recommandent d'adopter une police pour la navigation, c'est-à-dire, que chaque batelier d'une ville ou d'un village n'ait pas le droit de se constituer commissionnaire-expéditeur de marchandises. Il convient au contraire qu'il y ait une hiérarchie : qu'on distingue les maîtres bateliers et les pilotes de ceux qui doivent agir sous leurs ordres, comme salariés, ou comme aspirans et pour faire leurs preuves : que le réglement spécifie le temps requis pour prétendre à être maître batelier et pilote, les témoignages et certificats que l'aspirant devra produire : que les villes les plus commerçantes, telles, par exemple, sur la rive gauche, que Cologne, Coblence, Mayence et Strasbourg, soient nommément reconnues pour directions principales, dont les bateliers de la ville et de l'arrondissement ressortiront : que ces directions principales soient composées de deux maîtres bateliers au moins, et de six négocians : que dans les villes où il y a des comités ou des chambres de commerce, ceux qui en font partie, soient de droit membres et régulateurs de la direction des bateliers, concurremment avec les deux maîtres bateliers : qu'il ne puisse y avoir qu'un nombre fixe de maîtres bateliers, de pilotes, et de bateaux-marchands, nombre qui seroit arrêté par les directions : que les maîtres bateliers et les pilotes soient essentiellement subordonnés aux directions : que ces directions puissent répondre de la moralité, des connoissances et de l'aptitude des bateliers : que chaque aspirant, ou garçon batelier, et les pilotes, soient inscrits et dénommés sur les registres de la direction, d'après le signalement et la déclaration fournis par le maître batelier : que ce soit sur le certificat seulement de la direction principale qu'il puisse être délivré des patentes aux bateliers qui deviendront maîtres : que, d'après la production de ces patentes, la direction leur délivre une autorisation de naviguer, approuvée par le sous-préfet : que cette autorisation, qu'on appelleroit *congé*, exprime les nom et prénoms du maître batelier, propriétaire du bateau ;

le numéro de ce bateau (cette régularité est nécessaire), le nom du port auquel il appartient; que sa longueur est de..... mètres, sa plus grande largeur de...., et sa profondeur de......; qu'il mesure...... tonneaux : qu'aucun batelier ni son pilote ne puissent naviguer avec des marchandises sans congé. Cette police pour les congés ne s'appliqueroit point et ne pourroit pas s'appliquer aux bateaux pour la pêche, ni aux diligences d'eaux, à moins que ces dernières n'eussent à bord des marchandises; sous aucun prétexte on n'en pourroit charger sur les bateaux de pêcheurs : les uns et les autres seroient nécessairement sous la surveillance des directions principales.

Si d'un autre côté on arrête qu'il n'y aura aucune exception, pas même pour les bateliers au compte d'un gouvernement ou d'un prince, et que par suite la même rigidité existe pour les droits de péages, on aperçoit que la navigation sera utilisée.

§. 3. *Du droit de relâche ou du changement de bateaux.*

Nous ne répèterons pas ce que nous avons déjà dit à l'égard des stations respectives où l'on changeroit de bateaux pour la navigation du Rhin. Si l'on envisage cette mesure comme devant maintenir le droit de *Stapelrecht* à Cologne et à Mayence, sans nécessité et sans utilité pour la navigation en elle-même, et seulement sous le rapport du tribut auquel les bateliers ont été obligés de se soumettre par suite du régime féodal, il n'y a pas de doute qu'il ne faille immédiatement supprimer cette entrave et faire disparoître ce dernier vestige de priviléges abusifs et déshonorans que notre constitution condamne, priviléges qui seroient en opposition formelle avec l'article VI du traité de Lunéville, où la liberté de la navigation du Rhin se trouve proclamée, en même temps que la ligne de démarcation pour la souveraineté respective y est positivement tracée.

Mais si l'on veut adopter une mesure qui tranquillise sur les événemens de la navigation, qui lie la responsabilité des directions, sous l'autorisation desquelles les bateliers et pilotes opéreront les transports, et qui ménage aussi une garantie de droit de la part de ces derniers ; si l'on demande, si l'on exige avec raison, que les maîtres bateliers et leurs pilotes connoissent les écueils, les dangers, les bancs de sables, etc., qu'il faut éviter dans le cours de la navigation, certes on ne conviendra pas que ces résultats s'obtiendroient également si un batelier pouvoit descendre ou remonter indifféremment le Rhin dans toute sa longueur depuis Strasbourg jusqu'en Hollande.

L'assentiment que les Strasbourgeois donneront au principe des stations pour le changement des bateaux, ne pourra paroître suspect ni hasardé. Ce sont des bateliers de cette ville qui, avant tous autres, osèrent sonder le Rhin, et essayèrent d'en rendre la navigation profitable au transport des marchandises et à la communication des deux rives. Les premiers et long-temps les seuls argonautes sur ce fleuve, ils le descendirent depuis Bâle jusqu'à Amsterdam, et le remontèrent de même. C'est donc eux qui ont tracé la route aux Mayençois, aux bateliers de Coblence et de Cologne. C'est donc aux Strasbourgeois qu'on est redevable des premières notions qui ont été recueillies sur les moyens à adopter pour ne pas être victime des caprices et de l'impétuosité du fleuve [1]. Cependant ils reconnoissent qu'il ne peut être que très-utile d'établir les stations dont il s'agit, pour sûreté et garantie, et pour éviter la confusion qu'une institution contraire occasionneroit; ils reconnoissent en outre que les bateaux de Strasbourg à Mayence, et pour le retour, sont d'une toute autre construction que ceux qui descendent de Mayence

---

1. Les bateliers de Strasbourg et du département du Bas-Rhin ont donné en tout temps des preuves de leur dévouement. Ils ont rendu de signalés services, et notamment dans la dernière guerre. Eux seuls, depuis Strasbourg jusqu'à Drusenheim, ont fourni un bataillon complet de pontonniers. Tous, maîtres, pilotes, et garçons bateliers, se sont offerts avec empressement pour faciliter les différens passages du Rhin; aucun sacrifice ne leur a paru pénible. On a tiré le plus grand avantage de leurs bateaux, de leurs agrès et autres ustensiles, au moment où la guerre éclata et avant qu'il eût été possible de s'en procurer autrement; ils auroient à réclamer plus de trente mille francs, sous ce rapport, pour les indemniser de leurs pertes. Enfin ce sont eux qui ont effectué le dernier passage près Diersheim, où l'on a éprouvé une si vive résistance; ils n'envisageoient que la gloire de leur pays, et l'honneur de servir sous un brave général : Moreau commandoit.

à Cologne, et de cette dernière ville en Hollande.

On ne doit pas non plus perdre de vue, qu'en ne faisant rien pour les grandes villes, on devient esclave d'un système qui n'est séduisant qu'en théorie et lorsqu'il n'est pas approfondi. Les grandes villes sont le centre des relations commerciales, et les points où tout aboutit. C'est aussi là que se trouvent les grands capitalistes qui enrichissent l'état par leur industrie, et l'honorent par la considération dont ils sont investis. Le gouvernement doit donc leur faciliter l'occasion de prospérer, et donner au commerce la plus grande étendue et la plus belle consistance. Ce ne sont point des villes du troisième ou quatrième ordre qui présenteront ces ressources; jamais elles ne pourroient être d'une telle utilité à l'état: leur intérêt se trouve plutôt et naturellement dans les communications qu'elles ont avec les villes d'un ordre supérieur, qui leur procurent le degré de crédit, de consistance et d'activité qu'elles doivent avoir proportionnellement à leur force et à leur propre industrie pour le commerce.

Trois villes de la rive gauche du Rhin sont placées, pour leur avantage commun, à une distance presque égale l'une de l'autre, et doivent se procurer mutuellement les moyens de prospérité; elles sont à peu près dans le même ordre, et jouissent d'un grand crédit dans l'intérieur et à l'étranger; elles possèdent des négocians capitalistes, d'une expérience consommée et d'une réputation hors d'atteinte. On voit que nous voulons parler de Cologne, de Mayence et de Strasbourg. Les négocians de celle-ci particulièrement ont été de tout temps les commissionnaires du nord et du midi de l'Europe. D'anciennes habitudes, et la localité, qui les rendent intermédiaires de la Hollande, de l'Allemagne, de la Suisse et de l'Italie, doivent engager leurs frères des nouveaux départemens à se réunir à eux, et à leur demander réciprocité de confiance: sans cet accord, tous, et l'état même, en souffriront.

Cologne, à la vérité, aura toujours une importance inférieure relativement aux deux autres, mais c'est la station naturelle et le point de réunion pour les transports, par les plus grands bateaux, en Hollande, ou pour ceux qui en viennent.

Mayence, dit le citoyen Paravey, placée au débouché le plus favorable, au point de communication le plus intéressant entre la France et l'Allemagne ; à l'embouchure d'une rivière qui lui apportera dans son sein les produits de l'industrie et de la culture de la plus belle partie de l'empire germanique; voisine d'une ville dont désormais elle partagera le commerce et balancera la gloire, Mayence sera pour la France une place de commerce bien intéressante.

Nous ajouterons que cet intérêt, que cette splendeur, ne parviendront au degré qu'on peut espérer que lorsque les relations de cette ville seront étroitement liées avec celles de Strasbourg ; qu'on aura combiné en conséquence l'organisation des entrepôts de douanes dans ces deux ports, et du transport pour le commerce d'économie et d'échange entre le nord et le midi. Cette vérité est telle, que sans cet accord Mayence perdra la moitié de ses avantages, et que la France se trouvera bientôt privée de ceux que la situation de ces deux villes lui offroit pour la navigation du Rhin.

Nous pensons aussi que l'intérêt général et une saine politique pourroient conseiller d'ériger Mayence, ou du moins une partie de cette ville, en port franc. Alors elle rivaliseroit Francfort; ou plutôt la navigation du Rhin, et l'arrivage, par l'intermédiaire des entrepôts de Cologne et de Strasbourg, des marchandises de la Hollande, du nord et du midi de l'Europe, des Indes et des autres contrées de l'univers, la rendroient beaucoup plus florissante que Francfort.

Qu'on ne croie pas que nous avons oublié Coblence, ville placée au confluent du Rhin et de la Moselle, voisine de l'embouchure de deux autres rivières, et qui reçoit toutes les expéditions arrivant par eau de Metz et de l'intérieur, pour être expédiées par ce port à l'étranger ou à d'autres villes de la rive gauche. Cette position, nous l'avouons, est favorable; mais nous ne pouvons partager l'opinion de ceux qui prétendent qu'on en doit faire le point de contact de la république batave et de celle helvétique. Il ne faut pas sacrifier deux villes plus importantes, Cologne et Mayence, pour donner de la consistance à une seule, à Coblence, place de commerce du troisième ou quatrième ordre seulement, qui par sa population ne comporteroit pas le degré d'importance qu'on voudroit lui attribuer.

Coblence est à peu près à la même distance de Cologne et de Mayence. Qu'elle conduise à ces deux dernières villes et à Francfort les marchandises qui lui seront arrivées de l'intérieur par eau ; qu'elle puisse également charger dans les ports de Cologne et de Mayence, concurremment avec elles, les marchandises destinées pour le département de la Moselle ou autres dans la même direction de commerce ; c'est tout ce qui peut lui être accordé, d'autant plus qu'on sait qu'aucune route praticable par terre n'y aboutit.

D'après tout ce qui précède, admettons la conséquence qu'il faut des stations respectives pour le changement des bateaux qui descendent le Rhin depuis Strasbourg jusqu'en Hollande ;

Que les bateliers de Strasbourg doivent naviguer pour le transport et le retour, avec chargement, jusqu'à Mayence et Francfort;

Que ceux de Spire ou autres communes intermédiaires doivent avoir la même faculté, toujours jusqu'à Mayence et Francfort, et en remontant le Rhin jusqu'à Strasbourg; qu'il doit être convenu avec les princes de la rive droite que le même réglement sera suivi pour les bateliers de leur rive, lesquels, munis toutefois d'autorisations légales, pourront charger et transporter concurremment dans le même intervalle.

Admettons qu'il en sera ainsi réciproquement pour les bateaux depuis Mayence jusqu'à Strasbourg et Cologne, et depuis Cologne jusqu'à Mayence et Francfort; que les bateliers de Coblence pourront se rendre à l'une ou à l'autre de ces trois villes, Mayence, Francfort ou Cologne, et en revenir avec des chargemens; qu'en un mot les stations principales seront à la rive gauche, Strasbourg, Mayence et Cologne; que les ports intermédiaires ne devront jamais expédier, en descendant ou en remontant le fleuve, au-delà de celles de ces stations entre lesquelles ils se trouveront, ni les bateliers de la rive droite les dépasser.

Admettons la convenance, si ce n'est pas la nécessité, de changer de bateaux aux trois stations principales pour la navigation du Rhin, ou plutôt de ne se servir que des bateaux de ces stations respectives. Si les marchandises sont conduites aux entrepôts déjà constitués, il ne peut y avoir la moindre difficulté, le déchargement tient même à cette institution : si les marchandises doivent seulement être versées de bord à bord, des réglemens précis et locaux doivent déterminer la police, et pour ce versement et pour la surveillance des préposés des douanes.

Si les ballots de marchandises qui arrivent à une des stations principales doivent être entreposés, le déchargement doit être régularisé par les formalités prescrites à l'effet d'empêcher les importations en fraude.

Si l'expédition a une destination ultérieure, le réglement de police du port aura prévu ce cas, et tout sera combiné de manière qu'un bateau de transport soit tout prêt, que le chargement en soit promptement composé, et que les marchandises ne souffrent pas d'un séjour ou d'un retard qu'on doit prévoir et empêcher, afin qu'elles ne restent pas sur les quais exposées aux injures de l'air et ne se détériorent pas ; ce que la surveillance confiée aux préposés des douanes condamne également.

Les diligences d'eaux ne devroient pas non plus dépasser les stations principales de navigation.

Admettons comme de justice et par exception au principe général, que les bateaux de Cologne, de Coblence, de Spire ou de Strasbourg, qui transporteront un chargement à Francfort ou en reviendront avec chargement, ne seront pas obligés de relâcher à Mayence.

Que ces précautions et ces réglemens coincident avec ce que nous avons dit pour la police des bateaux, sur la hiérarchie à établir entre les bateliers, et, si l'on veut, à ce qui seroit relatif aux péages ou aux droits de transit ; il n'y a pas de doute qu'alors on sera parvenu à un certain degré de perfection et d'uniformité pour la navigation du Rhin.

§. 4. *Du Thalweg du Rhin.*

Nous avons déjà dit que, d'après l'article VI du traité de Lunéville, le Thalweg du

Rhin devoit être désormais la limite entre la république françoise et l'empire germanique.

Cette détermination a besoin d'être précisée quant à l'exécution.

Appeler le Thalweg l'endroit le plus profond du cours navigable du fleuve, c'est une définition équivoque. Des bateliers consultés à cet égard ont répondu que c'étoient eux qui, à cause de la variation du cours du fleuve, en faisoient la reconnoissance tous les six mois, convenoient de ce qui devoit être le grand cours du Rhin ou le Thalweg, et l'indiquoient par des piquets, d'intervalles en intervalles. Il faut donc une nouvelle explication, ou recourir aux notes échangées au congrès de Rastadt, pour savoir à quoi s'en tenir. La difficulté y avoit été prévue, puisque la note de la députation françoise du 1.er Thermidor an 6, porte qu'on conviendra « que dans le cas où le cours du « Rhin éprouveroit quelque changement, « les îles resteront cependant sous la sou- « veraineté de la puissance à laquelle elles « appartiendront, et qu'en aucun cas la « neutralité de la navigation ne pourra « être entravée. »

Le même principe est posé par le traité de Lunéville ; comme à Rastadt, il n'y a été question que d'assurer le droit de souveraineté sur les îles, la navigation du fleuve devant d'ailleurs être libre aux deux nations. Il faut donc déterminer une fois, en prenant le Thalweg pour limite, quelles sont les îles qui appartiendront à la république, et celles qui appartiendront à l'empire germanique : alors, quel que soit le changement du grand cours du Rhin ou du Thalweg, le droit de souveraineté seroit toujours relatif aux îles dont on seroit d'abord convenu.

Cependant il faudroit qu'à chaque reconnoissance du Thalweg, les préfets, les chambres de commerce et l'administration des douanes, en fussent informés ; car on sait que les préposés de cette administration ont la faculté de sonder les îles et îlots à la rive gauche du Thalweg, et sous la puissance de la République, pour y découvrir tous les entrepôts de marchandises manufacturées et prohibées que des fraudeurs y feroient séjourner dans le dessein de les importer illicitement en France.

§. 5. *Des Douanes.*

Si des mesures de police extraordinaires ont été adoptées relativement au commerce des grains pour en empêcher l'exportation, n'y remarquons que la sage prévoyance du gouvernement, qui s'est servi avec fondement de ces moyens pour embarrasser l'ennemi qu'il vouloit forcer à la paix. Bientôt sans doute, les lois sur les douanes, quant aux prohibitions et aux importations, seront modifiées, de manière toutefois à conserver la balance du commerce à l'avantage de la France; telle est la vraie institution des douanes.

Quoi qu'il en soit, les réglemens sur cette partie d'administration publique ne portent point d'entraves préjudiciables à la navigation du Rhin : ces réglemens admettent déjà le principe de la libre navigation; ils tolèrent le transport, par cette navigation, des marchandises prohibées, autres que celles comprises dans la loi du 10 Brumaire an 5, et lorsque ces marchandises prohibées, venant de l'étranger, ont une destination étrangère et ultérieure. Mais ces lois s'opposent, et devoient s'opposer, aux dépôts clandestins de marchandises dans les îles de la rive gauche sous la souveraineté de la République; car il n'y a pas de doute que ces dépôts seroient chargés pendant la nuit, ou dans une circonstance favorable, sur des nacelles qui aborderoient facilement et avec impunité le territoire françois.

Le droit de relâche forcée, ou de changement des bateaux, ayant été maintenu à Cologne et à Mayence, les marchandises étrangères, même prohibées, sont versées de bord à bord dans les ports de ces villes, pour consommer ensuite la destination. Il a aussi été prévu que si le rechargement devoit éprouver le moindre retard, les employés des douanes pourroient faire déposer ces marchandises dans un dépôt particulier, tant pour empêcher l'avarie que l'introduction dans l'intérieur.

Qu'on établisse, qu'on consolide les relations que les trois grands entrepôts de Cologne, Mayence et Strasbourg, doivent avoir ensemble, pour l'intérêt de tous : qu'on rende par conséquent de l'activité à celui de cette dernière ville (la prospérité des deux autres ports en dépend) : qu'on prenne en un mot toutes les précautions pour rappeler le commerce d'économie et d'échange sur la rive gauche, et l'y conserver : que tout ce qui n'est que gêne, ou défaut d'une surveillance bien calculée, disparoisse : que la législation des douanes soit améliorée et mieux précisée : qu'on tienne au principe que, pour éviter des droits de commissions de courtage, etc., les marchandises sujettes à un droit à leur entrée n'acquitteront ce droit que dans le port françois de leur destination définitive (ce qui devra spécialement s'appliquer aux chargemens de Francfort pour Strasbourg, ou pour tout autre port de la rive gauche); les effets de ces sages combinaisons ne tarderont point à être ressentis.

Le négociant honnête, le vrai négociant, condamne toute spéculation en fraude ou en contravention aux lois de douanes : il sait pour quels motifs elles sont instituées ; qu'elles sont les sauve-gardes de l'industrie nationale : il reconnoît que l'introduction des marchandises en fraude nuit essentiellement à nos manufactures, et les empêche de soutenir la concurrence avec celles de l'étranger, en même temps que cette introduction illicite prive le trésor public du tribut qui lui est dû. Acceptons l'augure, qu'aussitôt qu'il aura été permis de perfectionner la législation des douanes et que le tarif sera basé sur des traités de commerce, les négocians, les bons citoyens, tous contribueront à flétrir dans l'opinion celui qui aura voulu frauder les droits des douanes, ou contrevenir à une disposition réglementaire à ce sujet.

Pour obtenir des améliorations à l'avantage du commerce, faire adopter des réglemens sur la navigation du Rhin, sur l'organisation et la correspondance des trois entrepôts de Cologne, Mayence et Strasbourg, on est fondé à se confier à la sollicitude et à l'intérêt que le citoyen Laumond, préfet du département du bas-Rhin, n'a cessé de témoigner pour ses administrés en particulier; on est persuadé qu'il fera les représentations les plus fortes au gouvernement, et qu'il l'engagera à prendre immédiatement ces objets en considération.

Le commerce de Strasbourg sait d'ailleurs que le citoyen Laumond sera secondé par le citoyen Magnier, directeur des douanes pour les deux départemens du haut et du bas Rhin ; et c'est ici l'occasion de dire que ce directeur concilie la sévère exactitude de ses fonctions avec tous les égards qui sont dans les intentions du gouvernement, et qui obtiennent toujours l'assentiment universel.

Nous ne doutons pas que le commissaire général dans les quatre nouveaux départemens, les préfets et chaque directeur des douanes sur le Rhin, ne fassent de leur côté et simultanément les mêmes démarches pour assurer la prospérité du commerce de la rive gauche du fleuve, qui est étroitement liée à celle de la République.

FIN.

www.ingramcontent.com/pod-product-compliance
Ingram Content Group UK Ltd.
Pitfield, Milton Keynes, MK11 3LW, UK
UKHW020419230726
13925UKWH00004B/1524